PREMIÈRES NOTIONS

DE

GÉOGRAPHIE

PAR

HENRY LEMONNIER
Professeur à la Faculté des Lettres de Paris
et à l'École des Beaux-Arts

F. SCHRADER
Directeur des Travaux cartographiques
de la Librairie Hachette et Cⁱᵉ.

AVEC LA COLLABORATION DE

MARCEL DUBOIS
Professeur à la Faculté des Lettres de Paris,

COURS PRÉPARATOIRE

TROISIÈME ÉDITION

PARIS

LIBRAIRIE HACHETTE ET Cⁱᵉ

79, BOULEVARD SAINT-GERMAIN, 79

75 cent.

Ouvrage faisant suite :

LEMONNIER ET SCHRADER. *Premiers éléments de géographie, Cours élémentaire.* Nouvelle édition refondue par M. Gallouédec. Un vol. in-4° contenant 135 gravures ou cartes, dont 16 cartes en couleurs avec un résumé et des devoirs de récapitulation, cartonné . . . . 1 fr. 10

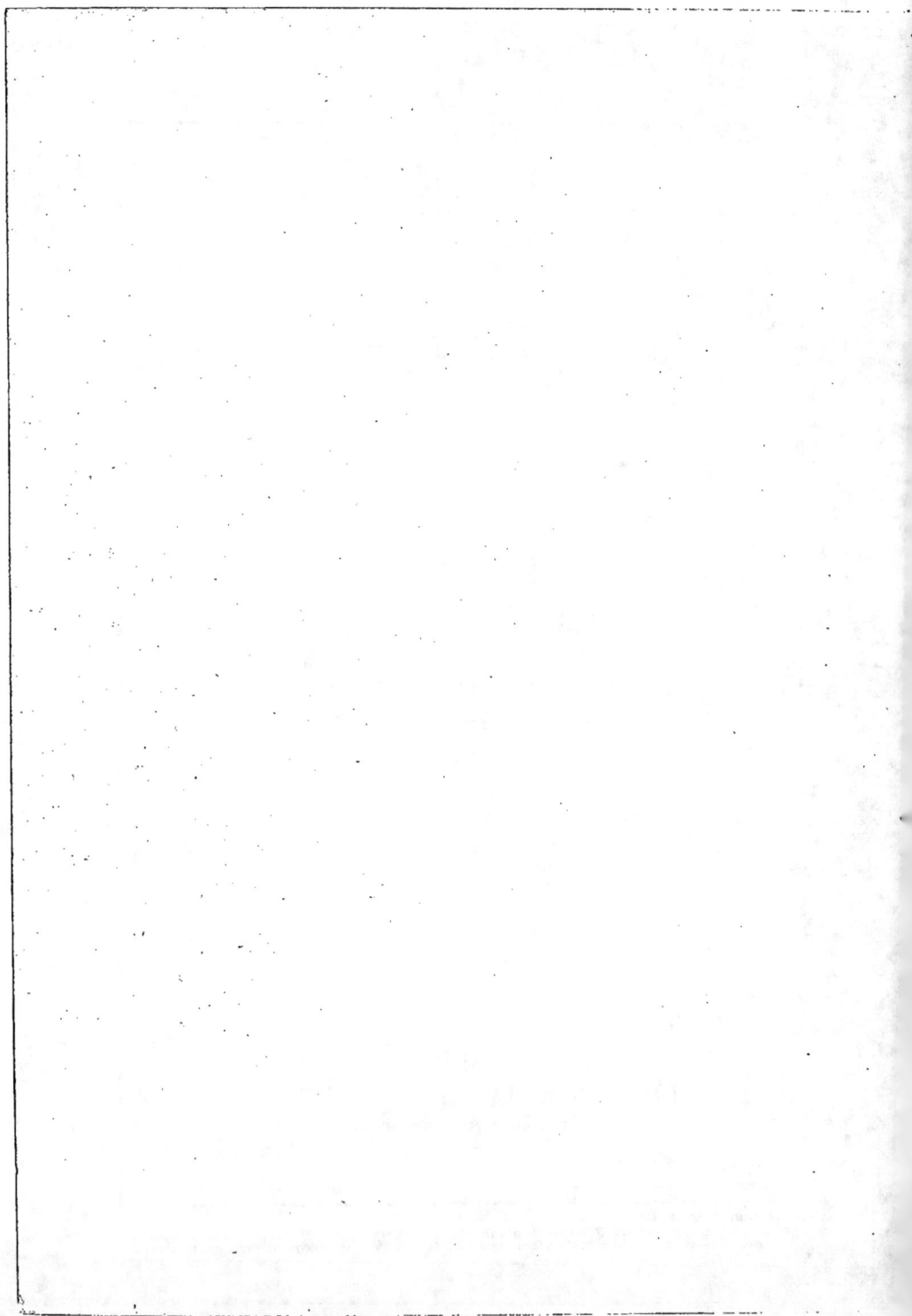

PREMIÈRES NOTIONS

DE

GÉOGRAPHIE

PAR

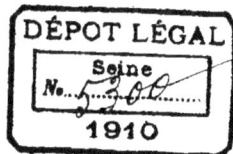

HENRY LEMONNIER
Professeur à la Faculté des Lettres de Paris
et à l'École des Beaux-Arts.

F. SCHRADER
Directeur des Travaux cartographiques
de la Librairie Hachette et Cie

AVEC LA COLLABORATION DE
MARCEL DUBOIS
Professeur de géographie coloniale à la Sorbonne.

COURS PRÉPARATOIRE

TROISIÈME ÉDITION

PARIS
LIBRAIRIE HACHETTE ET Cie
79, BOULEVARD SAINT-GERMAIN, 79
—
1910

AVERTISSEMENT

Ce petit volume a pour but d'initier les enfants à l'étude de la géographie, *en partant de l'observation.*

En tête de chaque leçon, une **gravure** illustrant une courte légende, voilà *sous une forme sensible* le point de départ de la leçon.

Les **Exercices** qui suivent immédiatement sont destinés à guider les enfants dans l'analyse de la gravure, à aiguiser leur observation, à provoquer leur réflexion, à solliciter leur jugement.

Cet *examen méthodique* de la gravure constitue la première partie de la leçon : travail intéressant d'investigation qui, pour les cours préparatoires, doit suffire à la matière d'une première séance.

Ensuite vient une **Lecture** où les élèves trouvent exposées, sous la forme facile et attrayante d'une leçon de choses, les notions que l'analyse de la gravure leur a déjà permis de *découvrir par eux-mêmes.*

Cette lecture est suivie de **Questions** de contrôle et d'intelligence.

Un court **Devoir** fixe l'idée essentielle de l'exposé, que résume enfin, en une ligne ou deux, la **Leçon** à apprendre par cœur, simple conclusion de ce qui précède et non plus formule abstraite à retenir.

LA TERRE

La terre est ronde comme une bulle de savon.

1. Exercices d'observation. — 1. Que fait le petit garçon dans la gravure de gauche ? — 2. Quelle forme ont les bulles de savon ? — 3. Où vont les bulles de savon ? — 4. Que représente la gravure de droite ? — 5. Nommez les divers objets que vous y voyez. — 6. Qu'est-ce qu'un globe ? — 7. Nommez d'autres corps ronds.

LECTURE

2. Nous habitons sur la terre. *La terre est ronde !...* Mais est-elle ronde comme une galette, qui est ronde seulement sur le tour et plate des deux côtés ? Non, la terre est ronde comme une boule, comme le ballon avec lequel vous jouez, comme une bille.

Vous vous êtes déjà amusés certainement à faire des bulles de savon et à les faire voler en l'air. Eh bien ! la terre où nous vivons flotte, comme une bulle de savon, *au milieu de l'air* et la *terre est ronde* comme une bulle de savon.

C'est pourquoi, quand on veut représenter la terre, on prend une boule qu'on appelle un *globe terrestre*, comme celui que vous voyez sur la gravure de droite.

3. **Questions sur la lecture.** — 1. Où habitons-nous ? — 2. A quoi ressemble la terre ? — 3. Où flotte la terre ? — 4. Quelle est la forme de la terre ? — 5. Comment appelle-t-on l'objet rond qui sert à représenter la terre ?

4. **Devoir.** — Copier et compléter : *La terre est ronde, comme une ..., comme un ..., comme une ..., comme une ....*

LEÇON

5. *Quelle est la forme de la terre ?* — La terre est ronde comme une boule.

LE SOLEIL

Le soleil chauffe et éclaire la terre.

1. Exercices d'observation. — 1. Nommez les personnes représentées dans la gravure. — 2. Nommez les animaux et les choses représentés dans la gravure. — 3. Que font les personnes? — 4. A quelle époque de l'année sommes-nous? — 5. Fait-il chaud ou froid et pourquoi? — 6. Qu'est-ce qui chauffe ainsi la terre?

LECTURE

2. Le soleil est aussi une boule, mais une boule beaucoup plus grosse que la terre. Et le soleil est si loin de la terre qu'on ne peut pas se faire une idée de son éloignement.

Vous avez déjà remarqué que plus un objet est éloigné, plus il semble petit. Un homme qui marche sur une route, loin de vous, vous paraît comme un point noir. Un pigeon, qui vole en l'air très haut, vous paraît gros comme un moineau. Eh bien! le soleil nous paraît petit parce qu'il est très loin de la terre.

Le soleil est une *grosse boule de feu*. Il est à la fois comme un *foyer* qui *chauffe* et comme une *lampe* qui *éclaire*.

3. Questions sur la lecture. — 1. Quelle est la forme du soleil? — 2. Pourquoi nous paraît-il petit? — 3. Qu'est-ce que le soleil? — 4. Pourquoi dit-on : Le soleil est comme *un foyer*? — 5. Pourquoi dit-on : Le soleil est comme *une lampe*?

4. Devoir. — Copier et compléter : *Le soleil est une grosse ..... Le soleil est comme un ... qui ... et comme une ... qui ....*

LEÇON

5. *Qu'est-ce que le soleil?* — Le soleil est une grosse boule de feu qui chauffe et éclaire la terre.

LE JOUR ET LA NUIT

C'est le soleil qui fait le jour ; le soleil disparaît, c'est la nuit.

1. Exercices d'observation. — 1. Que représente la gravure de gauche ? — 2. Fait-il jour ou nuit et pourquoi ? — 3. Que représente la gravure de droite ? — 4. A quoi reconnaissez-vous qu'il fait nuit ? — 5. Qu'est-ce qui éclaire pendant la nuit ?

LECTURE

2. Voulez-vous savoir comment se produit le jour et comment se produit la nuit ? Voici une pomme. Supposez qu'elle représente la terre. Placez cette pomme en face d'une lampe allumée. Cette lampe

représente le soleil. Vous verrez alors ceci : la moitié de la pomme, celle qui est tournée vers la lampe, se trouve éclairée ; l'autre moitié, celle qui est à l'opposé de la lampe, est dans l'ombre.

La même chose se produit pour la terre. Du côté où le soleil l'éclaire, il fait *jour* ; du côté opposé, il fait *nuit*. Mais, comme *la terre tourne*, il fait tour à tour jour et nuit. C'est à cause de cela que nous voyons se suivre le jour et la nuit.

3. Questions sur la lecture. — 1. Que remarquez-vous quand vous exposez une pomme à la lumière d'une lampe ? — 2. Pourquoi fait-il jour en ce moment ? — 3. Pourquoi fera-t-il nuit dans quelques heures ? — 4. Pourquoi ne fait-il pas toujours nuit au même endroit ? — 5. Savez-vous de quel côté, par rapport à l'école, se lève et se couche le soleil ?

4. Devoir. — Copier et compléter : *Les sept jours de la semaine sont : ....*

LEÇON

5. *Où fait-il jour et où fait-il nuit ?* — Il fait jour à l'endroit de la terre que le soleil éclaire et il fait nuit à l'endroit opposé.

LES POINTS CARDINAUX

Les points cardinaux sont : l'est, l'ouest, le sud et le nord.

1. Exercices d'observation. — 1. Vers quelle heure le soleil se lève-t-il en cette saison? — 2. Dans quelle direction, *par rapport à l'école*, le soleil se lève-t-il? — 3. Dans quelle direction se couchera-t-il ce soir? — 4. Dans quelle direction voyez-vous le soleil à midi? — 5. Que veut dire : le soleil *se lève* et *se couche*?

LECTURE

2. Ce matin, en venant à l'école, avez-vous remarqué de quel côté du ciel le soleil se trouvait? Ce côté, où le soleil apparaît chaque matin, s'appelle l'*est*, ou encore le levant ou l'orient. Demain matin, vers huit heures, si le soleil brille, placez-vous de manière à avoir votre côté droit tourné vers le soleil. Vous aurez à votre gauche le point du ciel où le soleil disparaît chaque soir et qu'on appelle l'*ouest*, ou encore le couchant ou l'occident. Derrière vous sera le *sud*, appelé encore midi, parce que le soleil est dans cette direction à l'heure de midi. Devant vous sera le *nord* ou septentrion, partie du ciel où le soleil n'apparaît pas. Ces quatre points sont les points cardinaux ou points *principaux* qui marquent la position des différents lieux de la terre.

3. **Questions sur la lecture**. — 1. Qu'est-ce que l'est? — l'ouest? — 2. Si vous avez à votre droite le soleil levant, quel point cardinal est à votre gauche? — derrière vous? — devant vous? — 3. Que marquent les points cardinaux?

4. **Devoir**. — Copier et compléter : *Si j'ai l'est à ma droite, j'ai à ma gauche ....; devant moi est .... et derrière moi ....*

LEÇON

5. *Quels sont les quatre points cardinaux?* — Les quatre points cardinaux sont : l'est appelé encore levant ou orient; l'ouest appelé encore couchant ou occident; le **sud** ou midi; le **nord** ou septentrion.

L'ORIENTATION

S'orienter, c'est chercher la direction des quatre points cardinaux.

1. Exercices d'observation. — 1. Supposez qu'il soit midi, dans quelle direction se trouve le village représenté à gauche de la gravure? — 2. Comment peut-on s'orienter quand il fait nuit? — 3. Qu'est-ce que l'étoile *polaire*?

LECTURE

2. Au mois d'août dernier, Jules s'était égaré dans la forêt. Il était parti de la maison vers neuf heures et, à en juger par le temps qu'il avait marché, il devait être près de midi. Comment retrouver son chemin? Jules avait appris à l'école que la forêt se trouve au *sud* du village. « Pour retourner au village, se dit-il, il faut donc aller vers le *nord* et, pour cela, je n'ai qu'à marcher dans la direction opposée au soleil, ayant mon ombre devant moi. » C'est ce qu'il fit; et, au bout d'une demi-heure de marche, il était hors de la forêt et apercevait devant lui le village.

La nuit, on peut s'orienter à l'aide de l'*étoile polaire* qui indique le nord. En tout temps, on peut s'orienter avec la *boussole*, dont l'aiguille aimantée se dirige vers le nord.

La boussole.

3. Questions sur la lecture. — 1. Quel mot reconnaissez-vous dans *orienter*? — 2. Qu'est-ce que s'orienter? — 3. Reproduisez le raisonnement de Jules. — 4. Comment peut-on s'orienter la nuit? — 5. Qu'est-ce que la boussole?

4. Devoir. — Copier et compléter : *La boussole a une .... qui ....*

LEÇON

5. Qu'est-ce que s'orienter? — S'orienter, c'est chercher de quel côté est l'orient pour trouver ensuite les trois autres points cardinaux.

LES SAISONS

C'est le soleil qui fait les quatre saisons.

1. Exercices d'observation. — 1. Dans quelle saison les feuilles commencent-elles à pousser aux arbres? — 2. Dans quelle saison fait-il très chaud? — 3. Que deviennent les feuilles du troisième arbre? — 4. Comment est le quatrième arbre et pourquoi? — 5. A quoi s'amusent ou s'occupent les enfants représentés ici?

LECTURE

2. Nous sommes en octobre. Il y a deux mois, au mois d'août, il faisait très chaud; nous étions en *été*. Maintenant, les feuilles tombent des arbres; il fait souvent du brouillard le matin et le soir; les premiers froids se sont déjà fait sentir : c'est l'*automne*. Bientôt nous serons en *hiver*; nous aurons de la neige, de la glace; les jours seront très courts. Et quand les feuilles pousseront de nouveau sur les arbres, quand les fleurs reparaîtront dans les jardins, ce sera le *printemps*. Le printemps, l'été, l'automne et l'hiver sont les *quatre saisons* de l'année. Chaque saison dure trois mois.

C'est encore le soleil qui, en brillant ou en chauffant plus ou moins, produit les quatre saisons.

3. **Questions sur la lecture**. — 1. Que ressentez-vous en été? — 2. Quelle saison suit l'été? — 3. Que remarquez-vous en automne? — 4. Que remarquez-vous en hiver? — 5. Que voyez-vous au printemps? — 6. Quelles sont les quatre saisons de l'année? — 7. Combien de mois dure chaque saison?

4. **Devoir.** — Copier et compléter par un nom de saison : *Nous sommes en .... Au mois d'août nous étions en .... Après l'hiver vient le ....*

LEÇON

5. *Quelles sont les quatre saisons de l'année?* — Les quatre saisons de l'année sont : le **printemps**, l'**été**, l'**automne** et l'**hiver**.

LE VENT, LA PLUIE, L'ORAGE

Le ciel est noir, l'orage gronde.

1. Exercices d'observation. — 1. Que représente cette gravure? — 2. Quels personnages y voyez-vous? — 3. Que font-ils? — 4. Comment sont les arbres et qu'est-ce que cela indique? — 5. Quel nom donne-t-on à la ligne de feu qui traverse en zigzag le ciel pendant l'orage? — 6. Quels malheurs peut occasionner un orage?

LECTURE

2. Le *vent* souffle. Il pousse dans le ciel de gros nuages noirs d'où commencent à tomber les premières gouttes de pluie. Plic, ploc!... voilà la *pluie*. Rentrons vite à la maison et regardons à travers les vitres de la fenêtre ce qui va se passer.... Oh! un éclair! Le tonnerre gronde. C'est un *orage*. Le vent souffle avec violence; il secoue les arbres, casse des branches, arrache des ardoises ou des tuiles aux toits, fait claquer les volets des maisons. Tout le monde s'est retiré chez soi. La pluie tombe fort, très fort.

Que va devenir toute cette eau qui tombe ainsi des nuages?

3. Questions sur la lecture. — 1. Quelle est la couleur des nuages qui courent dans le ciel avant la pluie? — 2. Qu'est-ce qui pousse ainsi les nuages? — 5. D'où vient la pluie? — 4. Quand dit-on qu'il fait un orage? — 5. Qu'arrive-t-il aux arbres pendant un orage? — 6. L'orage ne fait-il pas d'autres ravages? Lesquels? — 7. Où pensez-vous que puisse aller l'eau qui tombe des nuages?

4. Devoir. — Copier et compléter : *Pendant un orage, le ciel est.... Le tonnerre.... Le vent.. .*

LEÇON

5. *D'où provient la pluie?* — La pluie provient des nuages.

LE RUISSEAU

Il pleut, il pleut, bergère....

1. Exercices d'observation. — 1. Que fait la bergère représentée dans la gravure? — 2. Pourquoi fait-elle rentrer ses moutons? — 3. Quelle est la couleur du ciel pendant la pluie? — 4. En même temps qu'il pleut, fait-il du vent? Indiquez, d'après la gravure, d'où souffle le vent. A quoi le voyez-vous? — 5. Que remarquez-vous de chaque côté du chemin? — 6. Où va l'eau ainsi tombée?

LECTURE

2. Il pleut. Voyez par la fenêtre ce que devient l'eau qui tombe.

Elle suit en travers de la rue, et en descendant, de petites *rigoles* et elle s'amasse des deux côtés, le long des trottoirs.

Elle forme alors, à droite et à gauche de la rue, un petit *ruisseau*. Sur ce ruisseau, vous vous êtes amusés un jour à faire flotter des coquilles de noix ou de petits bateaux en papier. Le ruisseau court, court, et il va se perdre là-bas dans un grand fossé.

Quand la pluie a cessé, le sol peu à peu redevient sec. Il n'y a bientôt plus de ruisseau.

3. Questions sur la lecture. — 1. Que devient la pluie qui tombe sur le chemin? — 2. L'eau monte-t-elle ou descend-elle le long du chemin? — 3. A quel endroit du chemin se rassemble l'eau de pluie et pourquoi? — 4. Que forme-t-elle alors? — 5. A quoi peut-on s'amuser sur l'eau d'un ruisseau? — 6. Où va se perdre le ruisseau? — 7. Que devient-il quand la pluie a fini de tomber?

4. Devoir. — Copier et compléter : *Je vois dans la gravure une bergère qui.... Je vois la pluie qui... et un ruisseau qui....*

LEÇON

5. *Que forme la pluie?* — La pluie forme des ruisseaux.

LA SOURCE

La source est le commencement du cours d'eau.

1. Exercices d'observation. — 1. D'où sort l'eau qui coule à droite de la gravure? — 2. Quel nom donne-t-on à ce filet d'eau? — 3. Que fait la jeune fille représentée dans la gravure? — 4. L'eau des sources est-elle claire ou trouble? — 5. Que formera l'eau de la source? — 6. Que voyez-vous encore dans la gravure?

LECTURE

2. Il y a des ruisseaux qui coulent toujours, qu'il pleuve ou qu'il ne pleuve pas. Voici pourquoi. Une partie de l'eau de pluie, au lieu de couler sur le sol, s'est enfoncée dans la terre. De place en place, à un endroit plus bas, cette eau sort de terre, en formant une petite fontaine d'eau bien claire. Cette fontaine, c'est une *source*.

L'eau coule hors de sa source; elle coule toujours dans la même direction. Peut-elle s'arrêter? Peut-elle revenir en arrière? — Non, la pente la force à descendre. Elle descend donc et forme un ruisseau qui se versera ensuite dans la rivière.

3. **Questions sur la lecture.** — 1. Toute l'eau de pluie coule-t-elle sur la terre? — 2. Que devient une certaine partie de l'eau qui tombe? — 3. Cette eau demeure-t-elle toujours dans la terre? — 4. Qu'est-ce qu'une source? — 5. Que forme l'eau de la source? — 6. Pourquoi l'eau du ruisseau ne peut-elle ni s'arrêter ni retourner en arrière? — 7. L'eau *court* toujours dans une même direction : quel nom donne-t-on à ce mouvement de l'eau qui *court?*

4. **Devoir.** — Copier et compléter : *Le ruisseau commence.... Il finit....*

LEÇON

5. *Qu'est-ce qu'une source?* — Une source est l'endroit où commence un cours d'eau.

LE COURS DU RUISSEAU

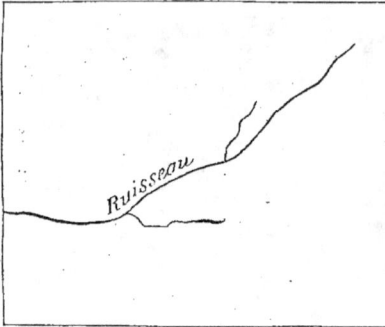

Petit ruisseau deviendra rivière.

1. Exercices d'observation. — 1. Que représente le dessin de gauche? — 2. Que représente la gravure de droite? — 3. Que faut-il pour traverser le ruisseau? — 4. En quoi est fait le pont représenté ici? — 5. Quel est le bâtiment que vous voyez sur le bord de droite du ruisseau? — 6. Que voyez-vous encore dans la gravure?

LECTURE

2. Ce *ruisseau* est d'abord si étroit que vous pourriez le sauter facilement; il contient très peu d'eau. Suivons-le à travers les prairies qu'il arrose. Bientôt un autre ruisseau va le rejoindre.

L'endroit où ces deux ruisseaux se réunissent est appelé leur *confluent*. Le plus petit des deux ruisseaux s'appelle l'*affluent* du plus grand. Notre ruisseau est maintenant plus large et plus profond qu'auparavant, puisqu'il a été grossi par l'eau que son affluent lui a apportée. Vous ne pourriez plus maintenant sauter par-dessus, d'une rive à l'autre : il faut déjà un petit pont pour le traverser. Il reçoit encore, un peu plus loin, un autre ruisseau. Le voilà devenu *rivière*.

3. Questions sur la lecture. — 1. Quand il sort de sa source, le ruisseau est-il large? — 2. Qu'est-ce qui fait que le ruisseau s'élargit? — 3. Qu'est-ce qu'un confluent? — 4. Qu'est-ce qu'un affluent? — 5. Qu'est-ce que la rive du ruisseau? — 6. Que faut-il pour passer d'une rive à l'autre d'un ruisseau assez important? — 7. Que deviendra le ruisseau grossi par d'autres ruisseaux?

4. Devoir. — Copier et compléter : *Un ruisseau qui se réunit à un autre ruisseau plus grand s'appelle un.... Le confluent est....*

LEÇON

5. Qu'est-ce qu'un ruisseau? — Un ruisseau est un petit cours d'eau.

LA RIVIÈRE

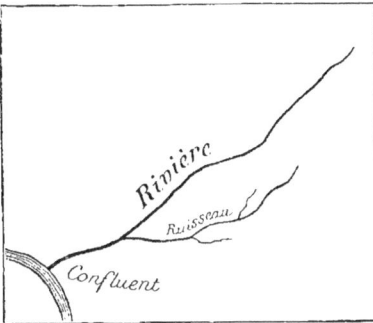

La rivière coule vers le fleuve.

1. Exercices d'observation. — 1. Expliquez le dessin de gauche. — 2. Que veut dire le mot *confluent?* — 3. Que représente la gravure de droite? — 4. Que voyez-vous sur le bord de la rivière? — 5. Qu'a-t-on construit pour traverser la rivière? — 6. Quel est le nom des grands arbres sur la gauche de la rivière?

LECTURE

2. Ainsi plusieurs ruisseaux qui se rejoignent et coulent dans un même creux ou *lit* forment une *rivière*.

La rivière est plus profonde qu'un ruisseau, et, si vous tombiez dans une rivière, vous seriez en grand danger de vous noyer. Une rivière est souvent assez profonde et assez large pour qu'on puisse y faire naviguer des bateaux. Sur la rivière sont construits de nombreux ponts. Beaucoup de villes et beaucoup de villages sont bâtis le long d'une rivière.

3. Questions sur la lecture. — 1. Quelle différence y a-t-il entre un ruisseau et une rivière? — 2. Comment est formée une rivière? — 3. Qu'appelle-t-on le lit d'une rivière? — 4. Qu'arriverait-il presque sûrement si vous tombiez dans une rivière? — 5. Que voit-on sur certaines rivières? — 6. Que veulent dire ces mots : *Une rivière est navigable?* — 7. Pourquoi les villes et les villages se sont-ils établis de préférence au bord des rivières? — 8. Connaissez-vous une rivière? Nommez-la.

4. Devoir. — Tracer une rivière et les ruisseaux qui l'ont formée. Mettre *a* aux affluents et *c* aux confluents.

LEÇON

5. *Qu'est-ce qu'une rivière?* — Une rivière est un cours d'eau formé de la réunion de plusieurs ruisseaux.

— 15 —

LE FLEUVE

Le fleuve va se perdre dans la mer.

1. Exercices d'observation. — 1. Que représente le dessin de gauche? — 2. Un fleuve est-il large ou étroit, et pourquoi? — 3. Où finit un fleuve? — 4. Que repré-sente la gravure de droite? — 5. Que voyez-vous naviguer sur le fleuve? — 6. Qu'est-ce qui vous montre dans la gra-vure de droite que le fleuve est large?

LECTURE

2. Lorsque plusieurs rivières se réunissent, elles forment un cours d'eau large et profond. Ce cours d'eau large et profond est un *fleuve*.

Près de sa source, le fleuve n'était qu'un simple ruisseau. Ce ruis-seau a grossi peu à peu, parce qu'il a reçu d'autres cours d'eau, qui s'appellent, comme nous l'avons déjà dit, des *affluents*. Le cours d'un fleuve est, le plus souvent, très long : il y a des fleuves qui tra-versent de vastes étendues de pays. Le fleuve se jette à la mer par une large *embouchure*. L'embouchure d'un fleuve est donc l'endroit où toutes les eaux d'un fleuve arrivent à la mer. Sur le fleuve vont et viennent de lourds bateaux chargés de marchandises.

3. Questions sur la lecture. — 1. Comment est formé un fleuve? — 2. Pourquoi un fleuve est-il large et profond? — 3. Comment était le fleuve près de sa source? — 4. Qu'appelle-t-on les affluents d'un fleuve? — 5. Où le fleuve va-t-il se perdre? — 6. Qu'est-ce que l'embouchure d'un fleuve? — 7. Pourquoi l'embouchure est-elle la partie la plus large du fleuve?

4. Devoir. — Copier et compléter : *Le ruisseau devient une ..., puis un ..., qui se jette ....*

LEÇON

5. *Qu'est-ce qu'un fleuve?* — Un fleuve est un gros cours d'eau qui se ter-mine à la mer.

LA MARE, L'ÉTANG, LE LAC

L'eau est quelquefois dormante.

1. Exercices d'observation. — 1. Où boivent les animaux représentés dans la gravure de gauche? — 2. Indiquez ce que vous voyez encore dans cette gravure. — 3. Que représente la gravure du milieu? — 4. Que voyez-vous sur le bord de l'étang? — 5. Que représente la gravure de droite? — 6. Expliquez, d'après les gravures, la différence que vous faites entre une mare, un étang et un lac.

LECTURE

2. Vous avez déjà vu, après la pluie, une certaine quantité d'eau demeurer quelque temps sur les parties creuses du chemin et y former des *flaques*. Cela vous montre que l'eau ne coule pas toujours en ruisseaux, en rivières ou en fleuves. Il arrive quelquefois qu'elle s'arrête dans un endroit creux. Elle forme alors une *mare*. A la campagne, vous avez vu des bestiaux boire de l'eau des mares. Quand cette étendue d'eau est plus grande, elle s'appelle un *étang*. Si elle est très grande, c'est un *lac*. Il y a des lacs si grands qu'il faut marcher plusieurs jours pour en faire le tour. L'eau des mares, des étangs et des lacs est de l'*eau dormante*.

3. **Questions sur la lecture.** — 1. L'eau court-elle toujours en ruisseaux, en rivières ou en fleuves? — 2. Où se rassemble-t-elle quelquefois? — 3. Qu'est-ce qu'une mare? — 4. Qu'est-ce qu'un étang? — 5. Qu'est-ce qu'un lac? — 6. Quel est le contraire d'eau courante?

4. **Devoir.** — Copier et compléter : *Une source est ....* — *Un ruisseau est ....* — *Une rivière est ....* — *Un fleuve est....* — *Un lac est ....*

LEÇON

5. *Qu'est-ce qu'un lac?* — Un lac est une grande étendue d'eau dormante au milieu des terres.

LA MER

La mer est une très grande étendue d'eau.

1. Exercices d'observation. — 1. Que représente la gravure? — 2. Expliquez, d'après la gravure, comment sont les bords de la mer. — 3. Dites ce que font les personnes qui sont dans l'eau au bord de la mer? — 4. Qu'est-ce que cette tour bâtie sur la pointe de terre qui s'avance dans la mer? A quoi sert-elle?

LECTURE

2. Figurez-vous un grand lac, si grand qu'il faut quelquefois plusieurs mois pour le traverser sur un gros bateau qu'on appelle un navire : c'est la *mer*. Quand vous êtes sur le bord d'un étang ou d'un lac, vous pouvez généralement voir l'autre bord de cet étang ou de ce lac. Mais, quand on est sur le bord ou le *rivage* de la mer, l'autre rivage est si loin qu'on ne peut l'apercevoir. L'eau de la mer n'est pas comme celle des rivières, des fleuves, des étangs et des lacs : elle est *salée*; elle n'est pas bonne à boire.

La mer renferme beaucoup de poissons de toutes sortes qu'on pêche pour notre nourriture.

3. Questions sur la lecture. — 1. A quoi ressemble la mer? — 2. Peut-on voir du rivage de la mer l'autre rivage opposé? — 3. Comment est l'eau des rivières, des fleuves, des étangs et des lacs? — 4. Comment est l'eau de la mer? — 5. Nommez quelques poissons qu'on pêche dans la mer.

4. Devoir. — Copier les mots suivants, en soulignant d'un trait les noms des poissons de mer : *le goujon, la raie, le maquereau, la carpe, le hareng, le merlan, le brochet, la sole.*

LEÇON

5. *Qu'est-ce que la mer?* — La mer est une très grande étendue d'eau salée.

LE CAP ET LE GOLFE

Les rivages de la mer sont découpés.

1. Exercices d'observation. — 1. Qu'est-ce que les rivages de la mer? — 2. Les rivages de la mer sont-ils unis comme le bord d'une assiette? — 3. Expliquez quelle forme ont les rivages représentés dans la gravure. — 4. Que représentent les petites masses noires que vous voyez dans la mer en face des rivages?

LECTURE

2. Les bords de la mer ou, comme on dit encore, les *rivages* ou les *côtes*, ne sont pas droits; ils sont découpés, c'est-à-dire que tantôt ils s'avancent dans la mer et tantôt, au contraire, c'est la mer qui pénètre dans la terre.

Quand la côte forme une pointe de terre qui se prolonge dans la mer, on dit que c'est un *cap*.

Quand c'est la mer qui pénètre dans la terre, c'est un *golfe*.

Dans les golfes l'eau n'est pas aussi agitée qu'en pleine mer. Voilà pourquoi, quand la tempête soulève en pleine mer d'énormes vagues, hautes comme des maisons, les navires viennent s'abriter dans les golfes.

3. Questions sur la lecture. — 1. On dit que les rivages de la mer sont *découpés* : qu'est-ce que cela veut dire? — 2. Quel nom donne-t-on à une pointe de terre qui s'avance dans la mer? — 3. Qu'est-ce qu'un golfe? — 4. Pourquoi l'eau est-elle moins agitée dans les golfes? — 5. Quel est le contraire d'un golfe?

4. Devoir. — Copier et compléter : *Un cap est une.... Un golfe est une....*

LEÇON

5. *Qu'est-ce qu'un cap et un golfe?* — Un cap est une partie de terre qui s'avance dans la mer.

Un golfe est une partie de mer qui pénètre dans la terre.

L'ILE

Une ile est le contraire d'un lac.

1. Exercices d'observation. — 1. Que voyez-vous au milieu du grand fleuve représenté dans la gravure? — 2. Les bords de cette ile sont-ils unis ou découpés? — 3. Que voyez-vous sur cette ile? — 4. Comment peut-on arriver dans une ile? — 5. Combien d'arches comptez-vous au pont?

LECTURE

2. Vous avez déjà vu au milieu d'un lac ou d'une rivière une partie de terre un peu plus élevée que l'eau de ce lac ou de cette rivière. On ne peut y arriver qu'en bateau ou par un pont, puisqu'il y a de l'eau tout autour. Cet endroit s'appelle une *ile*.

Une ile est donc une terre entourée d'eau de tous les côtés.

Dans la mer, il y a beaucoup d'iles, de petites iles et de très grandes iles, où l'on voit des villes, des champs, des montagnes, des forêts, des cours d'eau. Il y a des iles qui sont si grandes, qu'il faudrait marcher plusieurs mois pour en faire le tour. L'Angleterre, ce pays voisin de la France, forme une ile avec l'Écosse.

3. Questions sur la lecture. — 1. Qu'est-ce qu'une ile? — 2. Quel est le contraire d'une ile et expliquez pourquoi? — 3. Où y a-t-il beaucoup d'iles? — 4. Les iles sont-elles toujours petites? — 5. Donnez une idée de la grandeur de certaines iles.

4. Devoir. — Copier et compléter : *Une ile est le contraire d'un lac, parce qu'une ile est... et parce qu'un lac est....*

LEÇON

5. *Qu'est-ce qu'une ile?* — Une ile est une terre entourée d'eau de tous les côtés.

REVISION

Que de choses à voir au bord de la mer!

1. Exercices d'observation. — 1. Quels personnages sont représentés dans la gravure? — 2. Que font-ils? — 3. Qu'est-ce que l'enfant regarde tout à fait dans le lointain? — 4. Indiquez tout ce que vous reconnaissez dans cette gravure.

LEÇON

2. Fleuve. — Un **fleuve** est un grand cours d'eau qui se jette dans la mer. Exemple : la Seine.

3. Embouchure. — L'**embouchure** d'un fleuve est la bouche ou l'ouverture par laquelle le fleuve se verse dans la mer. Exemple : l'embouchure de la Seine au Havre.

4. Affluents. — Les **affluents** d'un fleuve sont les cours d'eau qui se versent dans ce fleuve. Exemple : l'Oise et la Marne sont des affluents de la Seine.

5. Mer. — La **mer** est une grande étendue d'eau salée. Exemple : la mer de la Manche.

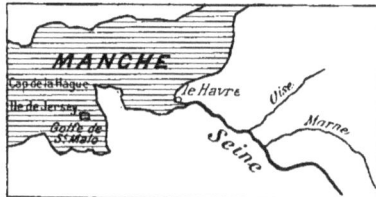

6. Cap. — Un **cap** est une partie de terre qui s'avance dans la mer. Exemple : le cap de la Hague.

7. Golfe. — Un **golfe** est une partie de mer qui pénètre dans la terre. Exemple : le golfe de Saint-Malo.

8. Ile. — Une **île** est une terre entourée d'eau de tous les côtés. Exemple : l'île de Jersey.

9. Devoir. — Copier et compléter : 1. *Un fleuve est....* — 2. *L'embouchure d'un fleuve est....* — 3. *Les affluents d'un fleuve sont....* — 4. *La mer est....* — 5. *Un cap est....* — 6. *Un golfe est....* — 7. *Une île est....*

— 19 —

LA COLLINE

Une colline est une petite hauteur.

1. Exercices d'observation. — 1. Combien d'enfants voyez-vous dans cette gravure? — 2. Où se trouve chacun des enfants? — 3. Comment est tracé le chemin qui mène au sommet de la hauteur et pourquoi? — 4. Pourquoi l'enfant arrivé en haut a-t-il l'air joyeux? — 5. Que voit-il devant lui? — 6. Que remarquez-vous sur la route? sur la rivière? — 7. Que voyez-vous encore sur la gravure?

LECTURE

2. En vous promenant dans la campagne, vous avez pu remarquer que parfois vous montez et parfois vous descendez.

Vous voici, par exemple, en train de monter. C'est dur, n'est-ce pas? Si vous vouliez courir en montant, vous seriez vite essoufflés. Mais, courage! marchez doucement, marchez toujours; vous arriverez bientôt en haut. Vous y voilà!... vous êtes au *sommet* de la hauteur et, de là, votre vue s'étend assez loin autour de vous.

La hauteur que vous venez de gravir s'appelle une *colline*.

Ordinairement, à la suite d'une colline, il y a d'autres collines placées à la file, comme vous pouvez le voir sur la droite de la gravure. Cette suite de collines s'appelle une *chaîne de collines*.

3. Questions sur la lecture. — 1. Le sol est-il toujours plat dans la campagne? — 2. Marche-t-on facilement quand on monte? — 3. Qu'est-ce qu'une colline? — 4. Quel nom porte le haut d'une colline? — 5. Qu'est-ce qu'une chaîne de collines?

4. Devoir. — Copier et compléter : *Une petite hauteur est.... Une suite de.... est....*

LEÇON

5. *Qu'est-ce qu'une colline?* — Une colline est une petite hauteur.

LA MONTAGNE

Une montagne est une masse très élevée de terre et de rochers.

1. Exercices d'observation. — 1. Comment s'appellent les hauteurs de terrain représentées dans la gravure? — 2. Qu'est-ce que le sommet d'une montagne? — 3. Pourquoi certaines montagnes ont-elles le sommet tout blanc? — 4. Peut-on cultiver le sol des montagnes? — 5. Peut-on voyager facilement dans les montagnes? — 6. Voyez-vous ici beaucoup de maisons, de villages? Pourquoi?

LECTURE

2. Il y a des hauteurs beaucoup plus élevées que les collines. Quelques-unes même sont si élevées que vous ne pourriez pas gravir leurs pentes ni arriver à leur sommet. Ces hauteurs très élevées s'appellent des *montagnes.*

Il y a sur la terre de très hautes montagnes. A leur sommet, il fait si froid que tout y est glacé; il n'y a plus ni arbres, ni plantes; mais partout, même en été, de la neige éblouissante, des amas de glace qu'on nomme des *glaciers.* Le faîte de ces montagnes est toujours tout blanc comme un toit sur lequel il a neigé.

La plupart des montagnes forment une ligne de hauteurs qui se suivent: c'est ce qu'on appelle une *chaîne de montagnes.*

3. Questions sur la lecture — 1. Quel nom donne-t-on aux hauteurs plus élevées que la colline? — 2. Comment est le sommet des très hautes montagnes? — 3. Y peut-il pousser des arbres? — 4. Qu'est-ce que des glaciers? — 5. Qu'est-ce qu'une chaîne de montagnes?

4. Devoir. — Tracer une montagne seule, en marquer les pentes et le sommet.

LEÇON

5. *Qu'est-ce qu'une montagne?* — Une montagne est une masse très élevée de terre et de rochers.

LE VOLCAN

Un volcan est une montagne qui vomit du feu.

1. Exercices d'observation. — 1. Que représente la gravure? — 2. Qu'est-ce qu'un volcan? — 3. Que voyez-vous descendre le long de la pente de ce volcan? — 4. D'où provient le feu qui sort du volcan? — 5. Que voyez-vous encore s'échapper du volcan? — 6. Quels malheurs peut causer un volcan?

LECTURE

2. Il y a sur la terre des montagnes extraordinaires. Au sommet de ces montagnes est un trou. Par ce trou, qu'on appelle un *cratère*, ces montagnes, de temps en temps, lancent en l'air de la fumée, des cendres chaudes, des matières brûlantes rouges comme le charbon qui brûle dans le poêle. Alors c'est terrible! c'est effrayant à voir! De telles montagnes s'appellent des *volcans*.

En France, il n'y a pas de volcan, mais dans un pays tout près du nôtre et qu'on appelle l'Italie, il y a un volcan, le *Vésuve*, qui est représenté dans la gravure mise en tête de cette page.

3. Questions sur la lecture. — 1. Qu'est-ce qu'il y a au sommet d'un volcan? — 2. Qu'est-ce que le volcan vomit par ce trou? — 3. Un volcan est-il dangereux? Pourquoi? — 4. Y a-t-il des volcans dans notre pays? — 5. Dans quel pays y a-t-il un volcan très connu? — 6. Comment s'appelle ce volcan?

4. Devoir. — Copier et compléter : *Un volcan est une... qui... par un trou qu'on appelle un....*

LEÇON

5. *Qu'est-ce qu'un volcan?* — Un volcan est une montagne qui vomit de la fumée, des cendres, de la flamme et des matières fondues.

LA PLAINE

Un terrain plat sans collines, ni montagnes, c'est la plaine.

1. Exercices d'observation. — 1. Quels personnages voyez-vous dans cette gravure, à droite et à gauche de la route et que font-ils? — 2. Quels animaux voyez-vous dans un parc sur la gauche de la gravure? — 3. Combien de villages distinguez-vous dans le lointain? — 4. Pourquoi peut-on voir aussi loin une telle étendue de pays? — 5. Quel nom porte une grande étendue de pays plat?

LECTURE

2. La terre ne s'élève pas toujours en collines ou en montagnes. Sortons du village. De tous les côtés, nous voyons des champs, ces beaux champs où l'on cultive le blé et l'avoine. Dans ces champs, nous voyons des cultivateurs qui labourent, qui sèment ou qui font la moisson. Voici, là-bas, des prairies toutes vertes où l'on met paître les bestiaux. Voici des forêts qui nous donnent du bois pour notre chauffage ou pour la charpente de nos maisons. A droite et à gauche, on aperçoit les villages voisins. La route que nous suivons s'allonge tout droit, loin, loin, sans monter ni descendre. Cette grande étendue de terrain plat s'appelle une *plaine*.

3. Questions sur la lecture. — 1. Que voit-on autour du village? — 2. Voit-on au loin dans la campagne? — 3. Qu'est-ce qu'une plaine? — 4. Les routes des plaines vont-elles en montant et en descendant? — 5. Cultive-t-on la plaine mieux que la montagne et dites pourquoi? — 6. Indiquez quelques productions des plaines.

4. Devoir. — Copier et compléter : *Dans les champs, on voit des..., des....*

LEÇON

5. *Qu'est-ce qu'une plaine?* — Une plaine est une étendue de terrain presque complètement plat.

— 23 —

LE DÉSERT

Du sable, pas d'eau, pas de plantes : voilà le désert.

1. Exercices d'observation. — 1. Que représente cette gravure? — 2. Quels animaux y voyez-vous? — 3. Décrivez un chameau (*tête, cou, jambes, dos*). — 4. Quelle qualité particulière possèdent les cha- meaux? — 5. Que font les chameaux re- présentés dans cette gravure? — 6. Quels personnages les accompagnent? — 7. De quoi est fait le désert? — 7. Peut-on vivre au désert et pourquoi?

LECTURE

2. La plaine est *fertile*, c'est-à-dire qu'elle produit toutes sortes de plantes utiles à l'homme. Mais il y a des contrées dont le terrain ne peut rien produire. Ces contrées sont recouvertes de sable et de pierres. Il n'y pleut pas : on n'y voit donc pas de cours d'eau qui apporte de la fraîcheur au sol. Dans ces pays, il n'y a ni villes, ni villages. Les hommes ne peuvent pas habiter ces contrées où ils ne trouvent rien de ce qu'il leur faut pour vivre. Ces grandes étendues de sable et de pierres s'appellent des *déserts*. En Afrique et en Asie, il y a de grands déserts. On les traverse avec des chameaux quand on veut aller dans d'autres pays.

3. Questions sur la lecture. — 1. Que veut dire ceci : *une plaine fertile*? — 2. Pourquoi certains pays ne produisent-ils rien? — 3. Qu'est-ce qu'un désert? — 4. Où y a-t-il des déserts? — 5. Comment traverse-t-on le désert? — 6. Dites pourquoi le chameau est employé pour traverser le désert.

4. Devoir. — Copier et compléter : *Dans le désert, on ne voit que...; il n'y a ni..., ni..., ni....*

LEÇON

5. *Qu'est-ce qu'un désert?* — Un désert est une grande étendue de terre sans eau, sans plantes, sans habitants.

L'AGRICULTURE

Sans l'agriculture, nous ne pourrions pas vivre.

1. Exercices d'observation. — 1. Combien d'hommes et de femmes comptez-vous dans cette gravure? — 2. Que fait chacun des hommes? — 3. Quelle saison représente la gravure et à quoi le voyez-vous? — 4. La femme qui est à droite cueille-t-elle le raisin ou ne fait-elle que travailler à la vigne? Pourquoi? — 5. Que fait l'autre femme? — 6. La gravure représente-t-elle un pays de plaine ou un pays de montagne et pourquoi? — 7. Que voyez-vous encore dans la gravure?

LECTURE

2. Vous avez déjà vu les cultivateurs travailler dans les champs. Vous les avez vus labourer, semer, faire la moisson, couper le foin, récolter les fruits, etc. Tous les travaux qu'on fait dans les champs, à la campagne, s'appellent les travaux de l'*agriculture*.

C'est l'agriculture qui nous donne de quoi vivre; elle nous donne le blé qui, devenu farine, sert à faire le pain; elle nous donne la pomme de terre, cet aliment le plus précieux après le pain; elle nous donne les fruits et surtout le raisin dont on fait le vin; elle nous donne la viande des bœufs et des moutons qui s'engraissent dans les prairies.

Nous ne pourrions pas vivre sans l'agriculture.

3. Questions sur la lecture. — 1. Quels travaux font les cultivateurs dans les champs? — 2. Pourquoi les cultivateurs travaillent-ils ainsi? — 3. Nommez quelques produits des champs. — 4. Nommez quelques fruits. — 5. Que fait-on avec le raisin? — 6. Où s'engraissent les bœufs et les moutons?

4. Devoir. — Copier et compléter : *L'agriculture nous donne le ...,* *la ..., les ..., la..., etc.*

LEÇON

5. *Qu'est-ce que l'agriculture?* — L'agriculture est la culture des champs.

L'INDUSTRIE

Que de beaux objets sortiront de ces usines!

1. Exercices d'observation. — 1. La gravure ci-dessus représente un endroit où on tire de terre du charbon : quel nom a le charbon qu'on tire ainsi de la terre? — 2. A quoi sert-il? — 3. Comment appelle-t-on les ouvriers qui travaillent dans les mines de charbon? — 4. Qu'indiquent les hautes cheminées que vous voyez dans la gravure? — 5. Connaissez-vous une usine? Qu'y fabrique-t-on?

LECTURE

2. Vous avez des joujoux, des livres, des images.

Ces joujoux, ces livres, ces images ne poussent pas dans les champs; on ne les cueille pas sur les arbres. Il faut les fabriquer avec du papier, du carton, du bois, du caoutchouc, etc. Il faut fabriquer aussi les outils, les étoffes, les meubles, le sucre dont nous avons besoin.

Pour en fabriquer beaucoup à la fois, on réunit des ouvriers qui travaillent ensemble dans de grandes *usines*, où l'on se sert de grosses *machines* qu'on chauffe avec du charbon de terre ou houille.

Le travail que les ouvriers font dans les ateliers et dans les usines s'appelle l'*industrie*.

3. Questions sur la lecture. — 1. Toutes les choses poussent-elles dans les champs? — 2. Nommez des choses qu'il faut fabriquer. — 3. Avec quoi sont faits les objets suivants : les couteaux, les souliers, les mouchoirs? — 4. Où fabrique-t-on en grand tous ces objets?

4. Devoir. — Copier et compléter : *L'industrie fabrique les ..., les ..., les ..., le ....*

LEÇON

5. Qu'est-ce que l'industrie? — L'industrie est le travail qui se fait généralement dans les usines et les ateliers.

LE COMMERCE

Vendre et acheter, voilà le commerce.

1. Exercices d'observation. — 1. Lisez les mots écrits sur chacune des boutiques placées le long de la rue, à gauche de la gravure. — 2. Que vend-on dans chacune de ces boutiques? — 3. Qu'achète-t-on au marché? — 4. Comment a-t-on amené là les marchandises que vous voyez rangées le long du fleuve? — 5. Comment appelle-t-on ceux qui font du commerce?

LECTURE

2. Paul avait envie du cerf-volant de Jules et Jules désirait la toupie de Paul. Paul a donné sa toupie à Jules et Jules a donné son cerf-volant à Paul. Ils ont fait un *échange*.

Au marché de la ville, on fait aussi des échanges. Les paysans apportent des légumes, du beurre, des volailles; en échange de ces marchandises, ils reçoivent de l'argent. Avec cet argent, ils achètent des vêtements, des outils, etc.

Il y a des marchands qui vont très loin pour faire des échanges. Ils achètent du caoutchouc aux nègres; du riz, du thé aux Chinois, et ils leur vendent des étoffes, des montres, des fusils.

Ces échanges de marchandises s'appellent le *commerce*.

3. Questions sur la lecture. — 1. Expliquez l'échange qu'ont fait Paul et Jules. — 2. Expliquez les échanges qui se font au marché. — 3. Qu'achètent les paysans avec l'argent qu'ils reçoivent? — 4. Qu'achète-t-on dans les pays lointains? — 5. Qu'est-ce que faire du commerce?

4. Devoir. — Écrire les noms de six produits que l'on vend au marché.

LEÇON

5. *Qu'est-ce que faire du commerce?* — Faire du commerce, c'est acheter et vendre des marchandises.

LES VOIES DE COMMUNICATION

« Voilà comment on peut aller d'un endroit à un autre. »

1. Exercices d'observation.—1. Quels personnages voyez-vous représentés sur une butte à la gauche de la gravure? — 2. Comment se tient chacun d'eux? — 3. Que fait le petit garçon? — 4. Que montre-t-il à sa sœur? — 5. Que voyez-vous sur la route? — 6. Comment le chemin de fer traverse-t-il cette route? — 7. Que voyez-vous encore, loin des enfants, dans cette gravure?

LECTURE

2. Vous avez entendu dire combien c'est amusant de voyager, et vous voudriez bien faire un voyage, n'est-ce pas? Si l'endroit où vous voulez aller n'est pas loin, vous suivrez, à pied ou en voiture, la *route* qui mène à l'endroit où vous voulez aller. Si vous voulez aller bien loin, vous prendrez le *chemin de fer* qui vous transportera très vite. Les marchands se servent aussi des chemins de fer pour transporter leurs marchandises, ou bien ils se servent des bateaux qui suivent les *rivières*, les *fleuves*, et traversent les *mers*.

Les routes, les chemins de fer, les cours d'eau, les mers, sont des *voies de communication* ou des moyens d'aller d'un pays à un autre.

3. Questions sur la lecture. — 1. Indiquez un voyage qu'on fait de chez vous en suivant la route. — 2. Indiquez un voyage pour lequel il faut prendre le chemin de fer. — 3. Quel est l'avantage du chemin de fer? — 4. Où circulent les bateaux? — 5. Quels sont les principaux moyens de communication?

4. Devoir. — Copier et compléter : *On va d'un pays à un autre par* ....

LEÇON

5. *Quelles sont les principales voies de communication?* — Les principales voies de communication sont les routes, les chemins de fer, les cours d'eau, la mer qui permettent d'aller d'un pays à un autre.

REVISION

Que de choses sur la terre!

1. Exercices d'observation. — 1. Quel nom donne-t-on aux hauteurs qui se trouvent à la gauche de la gravure? — 2. Comment s'appelle la montagne d'où sort de la fumée? — 3. Comment s'appelle le sommet d'une montagne quand il est recouvert de glace? — 4. Que représente la ligne blanche tortueuse qui traverse la plaine au milieu de la gravure? — 5. Que représente la large partie blanche au bas de la gravure? — 6. Que voyez-vous à droite sur la gravure?

2. Devoir. — Compléter les phrases suivantes à l'aide des leçons précédentes:

Colline. — 1. Une colline est une .... — 2. Le haut d'une colline est le .... — 3. Une chaîne de collines est ....

Montagne. — 4. Une montagne est .... — 5. Une chaîne de montagnes est.... — 6. Un glacier est ....

Volcan. — 7. Un volcan est .... — 8. Il y a en Italie un volcan qui s'appelle le ....

Plaine. — 9. Une plaine est .... — 10. Dans la plaine, il pousse du ..., du ..., des ....

Désert. — 11. Un désert est .... — 12. Il y a de grands déserts en ... et en .... — 13. On traverse le désert à l'aide des ....

Agriculture. — 14. L'agriculture est .... — 15. Dans les champs, le cultivateur ..., ..., ...

Industrie. — 16. On fabrique dans des usines ou dans des ateliers des ..., des ..., des ..., des .... — 17. On chauffe les grosses machines des usines avec du .... — 18. L'industrie est le ...

Commerce. — 19. Les paysans apportent à la ville pour les vendre des ..., du ..., des .... — 20. Les paysans achètent à la ville des ..., des ..., des .... — 21. Faire du commerce, c'est ....

Voies de communication. — 22. Les principales voies de communication sont les ..., les ..., les ..., les ....

FRANCE

Forme et mers de la France.

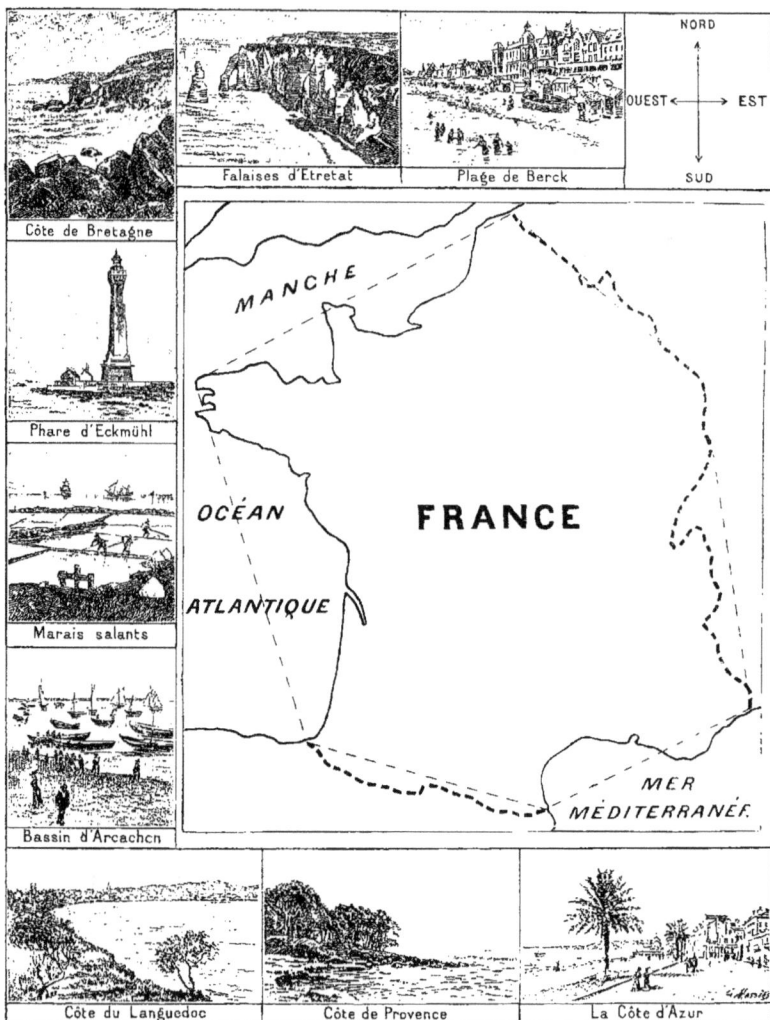

Côte de Bretagne

Falaises d'Etretat

Plage de Berck

NORD
OUEST ← → EST
SUD

Phare d'Eckmühl

Marais salants

Bassin d'Arcachon

MANCHE

OCÉAN

ATLANTIQUE

FRANCE

MER MÉDITERRANÉE.

Côte du Languedoc

Côte de Provence

La Côte d'Azur

Exercices d'observation. — 1. Quel est le pays représenté dans cette carte? — 2. Qu'est-ce que la France est pour nous? — 3. Que représentent les parties bleues de cette carte? — 4. Comptez les mers de la France. — 5. Lisez les noms des mers de la France. — 6. Des mers qui baignent la France, quelle est la plus grande? — 7. Quelle est la mer la plus rapprochée de l'endroit que vous habitez?

LA FRANCE

LECTURE

1. Quand vous jouez avec vos petits camarades, vous comprenez ce qu'ils vous disent. Ils parlent la *même langue* que vous : le *français*. Quand vous voyez passer des soldats sur la route, vous reconnaissez le *drapeau* bleu, blanc, rouge : c'est le drapeau français.

Le pays où tout le monde comprend le français ; le pays où les soldats sont réunis autour du drapeau bleu, blanc, rouge, le drapeau tricolore, c'est la *France*, votre *patrie*.

2. **Questions sur la lecture.** — 1. Comment s'appelle votre patrie? — 2. Quelle langue parle-t-on en France? — 3. Comment s'appellent les habitants de la France? — 4. Quelles sont les couleurs du drapeau français?

3. **Devoir.** — Dessiner le drapeau de la France.

LEÇON

4. *Qu'est-ce que la France?* — La France est le pays où nous habitons; la France est notre patrie.

29ᵉ Leçon

LES MERS DE LA FRANCE

LECTURE

1. Si vous habitiez juste au milieu de la France, il vous faudrait marcher longtemps pour arriver jusqu'à la mer. En avançant toujours vers le sud, vous finiriez par arriver sur le bord de la *Méditerranée*. En vous dirigeant toujours vers l'ouest, vous vous trouveriez un beau jour sur le bord de l'*Océan Atlantique*. En marchant vers le nord, vous arriveriez sur le bord de la *Manche*.

En suivant le bord de la Manche, de l'Océan Atlantique et de la Méditerranée, vous feriez presque la moitié du tour de la France.

2. **Questions sur la lecture.** — 1. De quel côté de la France se trouve la mer Méditerranée? — 2. De quel côté se trouve l'océan Atlantique? la Manche?

3. **Devoir.** — Indiquer les noms des mers de la France et dire si elles sont au nord, au sud ou à l'ouest de la France.

LEÇON

4. *Quelles sont les mers qui baignent la France?* — Les mers qui baignent la France sont : la Méditerranée, l'Océan Atlantique et la Manche.

FRANCE

Montagnes et fleuves de la France.

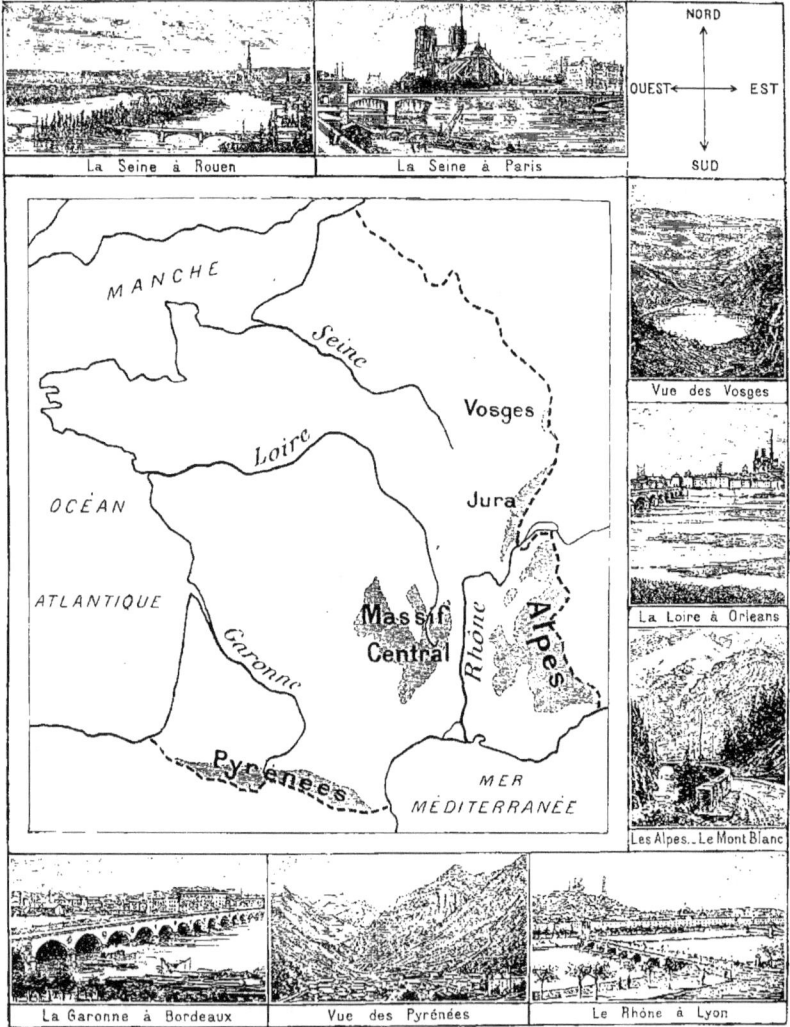

La Seine à Rouen

La Seine à Paris

NORD

OUEST ← → EST

SUD

MANCHE

Seine

Vosges

Loire

OCÉAN

Jura

ATLANTIQUE

Garonne

Massif Central

Rhône

Alpes

Pyrénées

MER MÉDITERRANÉE

Vue des Vosges

La Loire à Orléans

Les Alpes.. Le Mont Blanc

La Garonne à Bordeaux

Vue des Pyrénées

Le Rhône à Lyon

Exercices d'observation. — 1. Comptez les chaînes de montagnes de la France. — 2. Quelles sont les montagnes à l'est de la France? Au sud de la France? — 3. Quel est l'autre massif de montagnes représenté sur la carte? — 4. Comptez les fleuves de la France. — 5. Dans quelle mer chacun se jette-t-il? — 6. Quel est le plus long fleuve de la France? et le plus petit?

LES MONTAGNES DE LA FRANCE

LECTURE

1. La plus grande partie de la France est une plaine. Il n'y a de hautes montagnes qu'au milieu, au sud et à l'est de la France.

La montagne qui est à peu près au milieu de la France est le *Massif central*. Au sud, s'élèvent les *Pyrénées*. Les Pyrénées forment, au sud, une partie de la frontière de la France, c'est-à-dire de la ligne où s'arrête la France. Du côté de l'est, s'élèvent les *Alpes*, le *Jura* et les *Vosges*, qui sont aussi des frontières de la France.

2. **Questions sur la lecture.** — 1. Y a-t-il en France plus de plaines que de montagnes? — 2. Nommez les principales montagnes de la France. — 3. Pourquoi dit-on que les Pyrénées, les Alpes, le Jura et les Vosges sont des frontières de la France?

3. **Devoir.** — Copier et compléter : *Au sud de la France s'élèvent...; à peu près au milieu s'élève...; à l'est s'élèvent les..., le... et les....*

LEÇON

4. *Quelles sont les principales montagnes de la France?* — Les principales montagnes de la France sont : le Massif central, les Pyrénées, les Alpes, le Jura et les Vosges.

LES FLEUVES DE LA FRANCE

LECTURE

1. La *Seine* se jette dans la Manche; la *Loire*, qui vient du Massif central, se jette dans l'Océan Atlantique. Un fleuve descend des Pyrénées : c'est la *Garonne*, qui se jette dans l'Océan Atlantique. Un fleuve descend des Alpes : c'est le *Rhône*, qui se jette dans la mer Méditerranée.

2. **Questions sur la lecture.** — 1. Dans quelle mer se jette la Seine? — 2. D'où vient la Loire et dans quelle mer se jette-t-elle? — 3. D'où vient la Garonne et où se jette-t-elle? — D'où vient le Rhône et où se jette-t-il?

3. **Devoir.** — Copier et compléter : *La Seine se jette dans la...; la Loire se jette dans...; la Garonne...; le....*

LEÇON

4. *Quels sont les quatre grands fleuves de la France?* — Les quatre grands fleuves de la France sont : la Seine, la Loire, la Garonne et le Rhône.

FRANCE

Les grandes villes de la France.

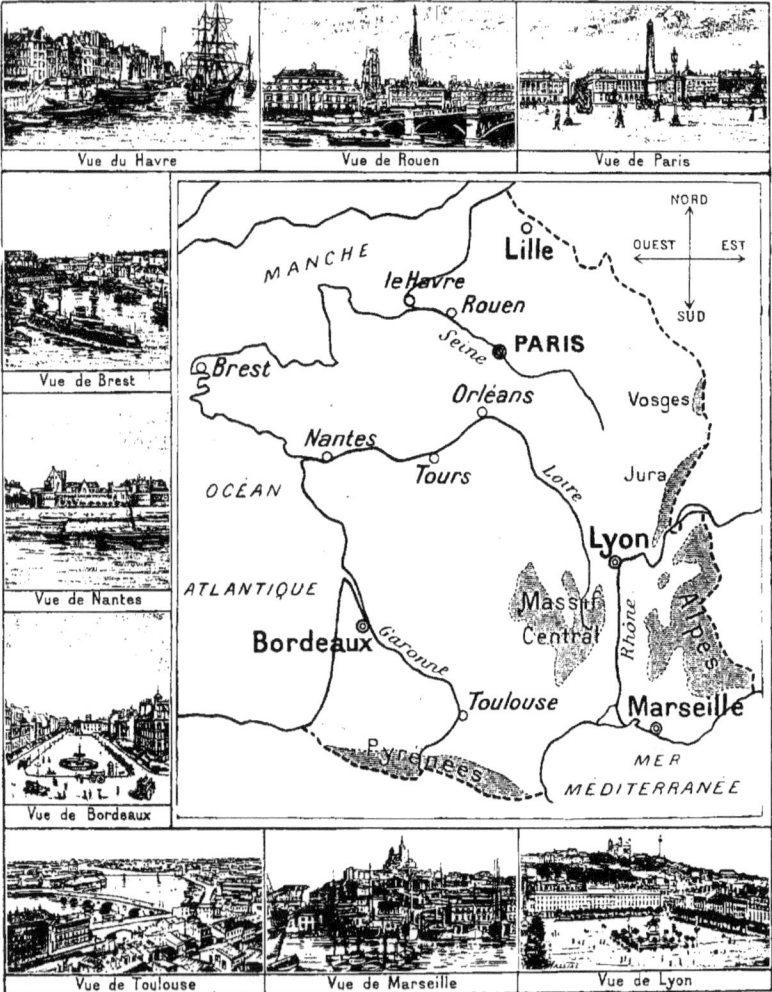

Vue du Havre

Vue de Rouen

Vue de Paris

Vue de Brest

Vue de Nantes

Vue de Bordeaux

Carte de France avec les villes : Lille, le Havre, Rouen, PARIS, Brest, Orléans, Nantes, Tours, Lyon, Bordeaux, Toulouse, Marseille. MANCHE, Seine, OCÉAN ATLANTIQUE, Loire, Garonne, Rhône, Massif Central, Vosges, Jura, Alpes, Pyrénées, MER MÉDITERRANÉE. NORD, OUEST, EST, SUD.

Vue de Toulouse

Vue de Marseille

Vue de Lyon

Exercices d'observation. — 1. Quelle est la capitale de la France? — 2. Pourquoi appelle-t-on Paris la capitale de la France? — 3. Sur quel fleuve est-elle située? — 4. Nommez les quatre autres plus grandes villes de la France. — 5. Marseille est-elle sur le Rhône? — 6. Où se trouve situé Le Havre? — 7. Où se trouve situé Bordeaux? — 8. La ville de Lille est-elle arrosée par un grand fleuve?

LES GRANDES VILLES DE LA FRANCE

LECTURE

1. Avez-vous remarqué qu'il y a souvent, dans les grandes rues, des boutiques beaucoup plus belles que dans les rues toutes petites? Eh bien, les fleuves sont un peu comme les grandes rues de la France, et la plupart des grandes villes ont été bâties au bord des fleuves ou de la mer.

Paris, capitale de la France, est sur la Seine; *Rouen* est aussi sur la Seine; *Le Havre* est à l'embouchure de la Seine. Au bord de la Loire on voit *Orléans* et *Tours*; près de l'embouchure de la Loire est *Nantes*. Au bord de la Garonne se trouve *Toulouse* et près de l'embouchure de la Garonne est *Bordeaux*. *Lyon* est sur le bord du Rhône et *Marseille* n'est pas loin de l'embouchure du Rhône.

Dans les plaines du nord de la France se trouve la grande ville de *Lille*.

2. **Questions sur la lecture**. — 1. Quelles sont les villes situées sur le bord de la Seine ou près de son embouchure? — 2. Où se trouve Nantes? — 3. Quelles sont les villes situées sur le bord de la Garonne? — 4. Où se trouvent Lyon et Marseille? — 5. Où est située Lille?

3. **Devoir**. — Écrire où se trouvent Paris, Lyon, Bordeaux, Rouen, Le Havre.

LEÇON

4. *Quelles sont les cinq plus grandes villes de la France?* — Les cinq plus grandes villes de la France sont : Paris, Marseille, Lyon, Bordeaux, Lille.

33 *Leçon*

REVISION

Devoir. — Compléter les phrases suivantes :

La France. — 1. Notre patrie s'appelle ....

Les mers de la France. — 2. La France est baignée par trois mers, qui sont : la ..., l' ... et la ....

Les montagnes de la France. — 3. Les principales montagnes de la France sont : le ..., les ..., les ..., le ... et les ....

Les fleuves de la France. — 4. Les quatre grands fleuves de la France sont : la ..., la ..., la ... et le ....

Les grandes villes de la France. — 5. La Seine arrose ...; la Loire arrose ...; la Garonne arrose ...; le Rhône arrose ....

Contrées et peuples; montagnes et fleuves de l'Europe.

OCÉAN ATLANTIQUE

S.^tPétersbourg

ANGLETERRE

RUSSIE

Londres

Berlin

Rhin

ALLEMAGNE

Volga

Paris

Karpates

FRANCE

Alpes

AUTRICHE

Pyrénées

Danube

ESPAGNE

ITALIE

Rome

MER

MÉDITERRANÉE

Français	Anglais	Allemand	Russe	Italien	Espagnol

Exercices d'observation. — 1. Lisez les noms des principales contrées de l'Europe. — 2. Nommez les contrées situées à l'est de la France. — 3. Nommez la contrée située au nord de la France.— 4. Nommez la contrée située au sud de la France. — 5. Comment s'appellent les peuples qui habitent chacune de ces contrées?— 6. Lisez les noms des trois chaînes de montagnes les plus importantes de l'Europe. — 7. Lisez les noms des trois plus grands fleuves de l'Europe.

L'EUROPE

LECTURE

1. Vous savez qu'au delà de votre ville et de ses environs il y a bien d'autres villes, bien d'autres campagnes qui forment la France. De même, au delà de la France, il y a encore bien d'autres pays ou, comme on dit aussi, bien d'autres *contrées*. Dans chacune de ces contrées vous entendriez parler une langue différente.

Au nord de la France est l'*Angleterre,* où on parle l'*anglais.* La capitale de l'Angleterre est *Londres.*

A l'est de la France se trouve l'*Allemagne,* où l'on parle l'*allemand.* La capitale de l'Allemagne est *Berlin.* Plus loin est la *Russie,* où l'on parle le *russe.* La capitale de la Russie est *Saint-Pétersbourg.* Il y a encore l'*Italie*, capitale *Rome*; l'*Autriche* et l'*Espagne.*

Tous ces pays sont en Europe. La France aussi est en *Europe.* Les Français, les Anglais, les Allemands, les Russes, les Italiens, les Autrichiens, les Espagnols sont des Européens.

Voyez sur la carte les chaînes de montagnes de l'Europe. Le principal massif montagneux est celui des *Alpes.* En Autriche s'élèvent les *Karpates* et entre la France et l'Espagne sont les *Pyrénées.*

Deux fleuves importants descendent des Alpes : le *Rhin* et le *Danube.* Mais le plus grand fleuve de l'Europe est la *Volga,* qui traverse presque entièrement la Russie.

2. **Questions sur la lecture**. — 1. Où est située l'Angleterre? — 2. De quel côté se trouvent l'Allemagne et la Russie? — 3. Quelle langue parle-t-on en Angleterre, en Allemagne, en Russie? — 4. Quel nom donne-t-on aux habitants de l'Europe? — 5. Nommez les principales chaînes de montagnes de l'Europe. — 6. Nommez les principaux fleuves de l'Europe.

3. **Devoir**. — Écrire le nom de chacune des principales contrées de l'Europe et en regard le nom de ses habitants. Exemple : *la France, les Français.*

LEÇON

4. *Quelles sont les principales contrées de l'Europe ?* — Les principales contrées de l'Europe sont : la France, l'Angleterre, l'Allemagne, la Russie, l'Italie, l'Autriche et l'Espagne.

5. *Nommez les montagnes et les fleuves de l'Europe.* — Les montagnes de l'Europe sont les Alpes, les Karpates, les Pyrénées; les fleuves de l'Europe sont le Rhin, le Danube, la Volga.

LES DIVISIONS DE LA TERRE

Les cinq parties du monde.

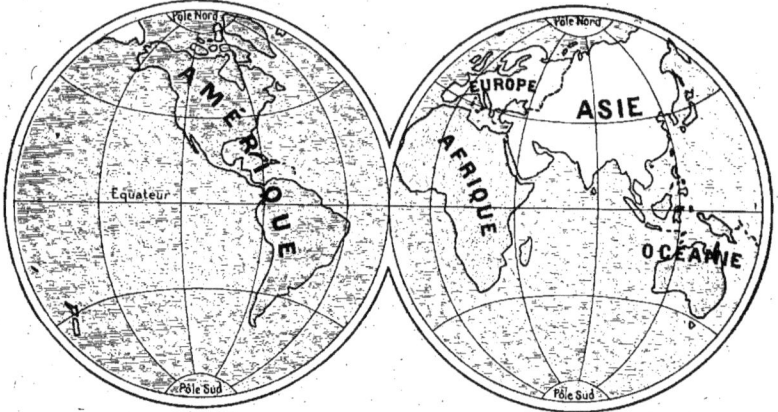

Exercices d'observation. — 1. Y a-t-il dans le monde plus de terre que d'eau? — 2. Lisez les noms des cinq parties du monde — 3. Quelle est la plus petite des cinq parties du monde? — 4. Dans quelle partie du monde se trouve la France? — 5. Où fait-il le plus froid sur la terre? — 6. Où fait-il le plus chaud?

Les cinq grands océans.

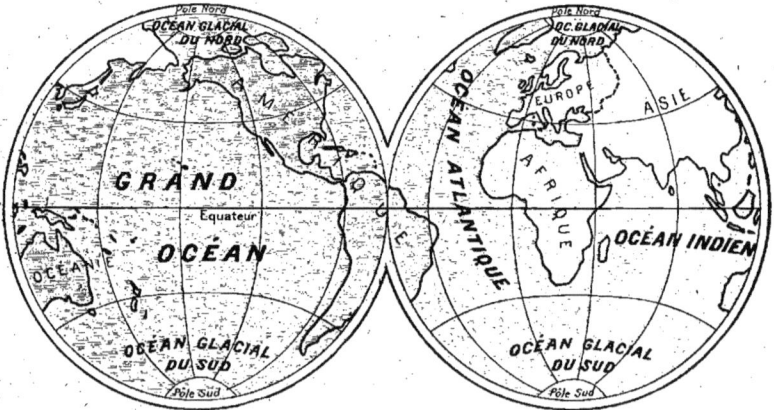

Exercices d'observation.. — 1. Lisez les noms des cinq grands océans du monde — 2. Quel est le plus grand des cinq océans? — 3. Quelles sont les parties du monde que baigne le Grand Océan? — 4. Pourquoi appelle-t-on *Océans glacials* les deux océans situés près des pôles de la terre? — 5. Quel est l'Océan qui se trouve entre l'Amérique d'un côté, l'Afrique et l'Europe de l'autre côté?

LES CINQ PARTIES DU MONDE

LECTURE

1. Les terres du globe forment cinq grandes étendues de pays qu'on appelle les *cinq parties du monde*. Ces cinq parties du monde sont : l'*Europe*, l'*Asie*, l'*Afrique*, l'*Amérique* et l'*Océanie*. L'Europe, l'Asie et l'Afrique se tiennent ou à peu près : elles forment un seul *continent*. Le mot *continent* veut dire *grande étendue de pays qui se touchent*. L'*Amérique* forme à elle seule un autre *continent*. Enfin l'*Océanie* est formée d'îles, situées au milieu d'une mer qui s'appelle le *Grand Océan. Océanie* veut donc dire *terres de l'Océan*.

2. Questions sur la lecture. — 1. Quelles sont les cinq parties du monde? — 2. Qu'est-ce qu'un continent? — 5. L'Amérique touche-t-elle à une autre partie du monde? — 4. De quoi est formée l'Océanie?

3. Devoir. — Écrire les noms des cinq parties du monde.

LEÇON

4. *Quelles sont les cinq parties du monde?* — Les cinq parties du monde sont : l'Europe, l'Asie, l'Afrique, l'Amérique et l'Océanie.

LES CINQ GRANDS OCÉANS

LECTURE

1. Les eaux forment de grandes masses comme les terres forment de grandes étendues. Ces grandes masses d'eau s'appellent des *océans*.

Il y a cinq grands océans : le *Grand Océan*, appelé aussi *Océan Pacifique*, entre l'Asie et l'Amérique; l'*Océan Atlantique* entre l'Amérique d'un côté et l'Europe et l'Afrique de l'autre; les deux *Océans Glacials* aux environs du pôle Nord et du pôle Sud de la terre; l'*Océan Indien* au sud de l'Asie.

2. Questions sur la lecture. — 1. Qu'appelle-t-on un océan? — 2. Nommez les cinq grands océans et dites où ils sont situés.

3. Devoir. — Écrire où est situé chacun des cinq grands océans.

LEÇON

4. *Quels sont les cinq grands océans?* — Les cinq grands océans sont : le Grand Océan ou Océan Pacifique, l'Océan Atlantique, l'Océan Glacial du Nord, l'Océan Glacial du Sud et l'Océan Indien.

PEUPLES ET RACES

Les peuples lointains.

Asiatiques (Chinois)	Américains (Mexicains)	Africains (Arabes)
Asiatiques (Japonais)	Américains (Brésiliens)	Africains (Nègres)

Exercices d'observation. — 1. Combien de personnages y a-t-il dans la première gravure? — 2. Qui sont-ils et que font-ils? — 3. Décrivez un Chinois (*coiffure, cheveux, vêtement, etc.*). — 4. La gravure au-dessous représente des Japonais : à quoi sont-ils occupés? — 5. Voyez le Mexicain à cheval : décrivez son costume. — 6. Décrivez les personnages de la gravure au-dessous faisant ou surveillant la récolte du café. — 7. La gravure suivante représente un marché arabe : décrivez le costume et l'attitude des marchands. — 8. Décrivez les personnages et les habitations de la dernière gravure.

Les races d'hommes.

Race Blanche	Race Noire	Race Jaune

Exercices d'observation. — 1. Décrivez le premier personnage : son teint, sa barbe, ses cheveux. — 2. Décrivez de même l'aspect du nègre. — 3. Comment sont les yeux du troisième personnage? — 4. Comment a-t-il les pommettes des joues? — 5. Quelles sont les trois principales races d'hommes?

LES PEUPLES LOINTAINS

LECTURE

1. Si vous marchiez vers l'est pendant très longtemps, vous arriveriez dans des pays qui ne sont plus en Europe ; vous verriez des hommes qui ne sont plus des *Européens*. A l'est de l'Europe est l'*Asie*. La Chine et le Japon sont en Asie, et les Chinois et les Japonais sont des *Asiatiques*. A l'ouest de l'Europe, de l'autre côté de l'Océan Atlantique, est l'Amérique habitée par les *Américains*. Au sud de l'Europe est l'*Afrique* et ses habitants sont des *Africains*.

2. **Questions sur la lecture**. — 1. Quel est le grand pays à l'est de l'Europe ? — 2. Nommez deux contrées de l'Asie. — 3. Quel nom donne-t-on à tous les habitants de l'Asie ? de l'Amérique ? de l'Afrique ?

3. **Devoir**. — Écrire le nom des pays lointains que vous venez d'apprendre et écrire en regard le nom de leurs habitants. Exemple : *l'Asie, les Asiatiques.*

LEÇON

4. *Quels sont les grands peuples du monde ?* — Les grands peuples du monde sont : les Européens, les Asiatiques, les Américains, les Africains.

LES RACES D'HOMMES

LECTURE

1. Tous les peuples du monde ne se ressemblent pas ; ils forment différentes familles ou *races*. Les Européens, qui ont la peau blanche, des cheveux fins, forment la *race blanche*. Les nègres de l'Afrique, qui ont la peau noire et luisante, des cheveux frisés comme de la laine, forment la *race noire*. Les Chinois, les Japonais, qui ont la peau jaune, des cheveux raides, des yeux petits en forme d'amandes, forment la *race jaune*.

2. **Questions sur la lecture**. — 1. Tous les hommes se ressemblent-ils ? — 2. Quelles sont les différences qu'il y a entre un Européen et un nègre de l'Afrique ? — 3. Quel est l'aspect d'un Chinois ou d'un Japonais ?

3. **Devoir**. — Écrire le nom des principaux peuples de la race blanche.

LEÇON

4. *Quelles sont les trois principales races d'hommes ?* — Les trois principales races d'hommes sont : la race blanche (**Européens**), la race noire (**Nègres**), la race jaune (**Chinois et Japonais**).

Région torride.

Région glaciale.

Région tempérée.

Exercices d'observation. - - Indiquez ¹ trois gravures : parlez des choses, des ani-
ce que vous remarquez sur chacune de ces , maux, des personnages que vous y voyez.

LES CLIMATS

LECTURE

1. Vous savez combien il fait chaud l'été. Le soleil brille très fort et, quand vous jouez, vous cherchez les endroits où il y a de l'ombre, où il fait frais.

Au contraire, pendant l'hiver, il fait froid; la neige tombe; les ruisseaux sont gelés; on allume du feu dans les appartements; vous mettez vos vêtements les plus épais.

Eh bien! il y a des pays où il fait toujours plus chaud que chez nous pendant l'été. Ces pays forment la région *torride*. Le mot *torride* veut dire très chaud. Cette région torride comprend les pays voisins de l'équateur sur lesquels les rayons du soleil tombent à peu près d'aplomb : voilà pourquoi il y fait si chaud.

Il y a aussi des pays où il fait toujours plus froid que chez nous pendant l'hiver; il y fait même toujours très froid : c'est la région *glaciale*. C'est du côté des pôles de la terre que se trouve la région glaciale. Certains peuples de l'Amérique du Nord, les Esquimaux, habitent la région glaciale. L'hiver y dure six mois, six longs mois, et pendant ces six mois, pas de soleil : c'est la nuit, toujours la nuit.

Enfin des pays comme la France, comme l'Europe tout entière aussi, sont situés sur la terre entre la région torride et la région glaciale. Il n'y fait jamais ni extrêmement chaud, ni extrêmement froid. Ces pays forment la région *tempérée*.

Ces différences de chaud et de froid dans les divers pays de la terre se nomment les *climats*.

2. Questions sur la lecture. — 1. Que se produit-il pendant l'été? — 2. Que se produit-il pendant l'hiver? — 3. Qu'appelle-t-on la région torride? — 4. Qu'appelle-t-on la région glaciale? — 5. Qu'appelle-t-on la région tempérée? — 6. Quel est le climat de l'Europe? — 7. Quelle région habitez-vous?

3. Devoir. — Écrire le nom de six contrées de l'Europe appartenant à la région tempérée.

LEÇON

4. *Quelles sont les trois sortes de climats?* — Il y a trois sortes de climats : le climat très chaud ou **torride**, le climat très froid ou **glacial**, le climat moyen ou **tempéré**.

***

ANIMAUX ET PLANTES

Les animaux des pays lointains.

Eléphant — Chameau — Lion — Rhinocéros — Girafe — Tigre — Autruche — Renne

Exercices d'observation. — 1. Par quoi est curieux l'éléphant? Décrivez un éléphant d'après la gravure. — 2. Par quoi est curieux le chameau? — 3. Le chameau est-il un animal domestique ou sauvage? — 4. Dans quelle partie du monde vivent les lions? — 5. On dit que le lion est le roi des animaux : pourquoi? 6. — Le tigre est-il un animal méchant? et la girafe? Décrivez une girafe d'après la gravure. — 7. A quel animal ressemble le renne? Dans quels pays vit-il? — 8. Parlez du rhinocéros. — 9. Parlez de l'autruche.

Les plantes des pays chauds.

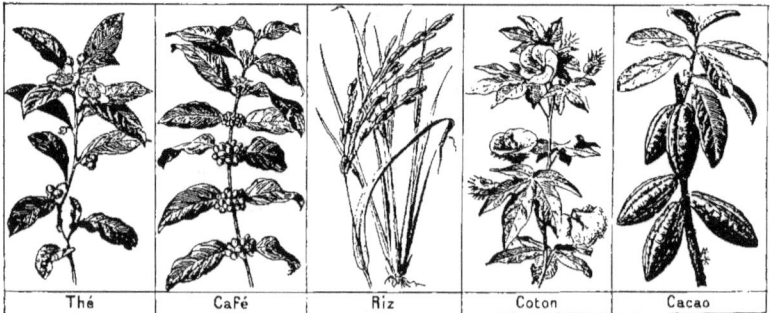

Thé — Café — Riz — Coton — Cacao

Exercices d'observation. — 1. Lisez les noms de cinq produits principaux venant des pays chauds. — 2. Que fait-on avec chacun de ces produits?

LES ANIMAUX DES PAYS LOINTAINS

=== LECTURE ===

1. Vous avez vu en image, ou dans des ménageries, des *lions*, des *tigres*, des *chameaux*, des *éléphants*. Y a-t-il de ces animaux-là dans notre pays? Y a-t-il des animaux au cou très long comme la *girafe* ou avec une corne sur le nez comme le *rhinocéros*? Y a-t-il des oiseaux aussi gros que l'*autruche*? — Non. Tous ces animaux vivent dans les pays chauds. Dans les pays froids, il y a le *renne*, qui ressemble au cerf et qu'on attelle à des traîneaux.

2. **Questions sur la lecture.** — 1. Nommez quelques animaux des pays chauds. — 2. Par quoi sont curieux la girafe? le rhinocéros? l'autruche? — 3. Nommez un animal des pays froids. Est-il utile?

3. **Devoir.** — Copier les noms des principaux animaux des pays lointains.

=== LEÇON ===

4. *Citez quelques animaux des pays chauds.* — Dans les pays chauds vivent le lion, le tigre, le chameau, l'éléphant, la girafe, le rhinocéros.

LES PLANTES DES PAYS CHAUDS

=== LECTURE ===

1. Les plantes, comme les animaux, ne sont pas les mêmes dans tous les pays. Vous connaissez certainement le *café* et le *riz* : ce sont les graines de deux plantes des pays chauds. Dans les pays chauds poussent encore l'*arbre à thé*, dont les feuilles servent à faire une agréable boisson; le *cacaoyer*, qui donne le cacao utilisé pour faire le chocolat; le *cotonnier*, qui fournit le coton employé pour la confection de certaines étoffes.

2. **Questions sur la lecture.** — 1. Nommez deux graines de plantes des pays chauds. — 2. Qu'est-ce que l'arbre à thé? — 3. Qu'est-ce que le cacao? — 4. D'où provient le coton?

3. **Devoir.** — Copier les noms de cinq plantes des pays chauds.

=== LEÇON ===

4. *Citez quelques plantes utiles des pays chauds.* — Les principales plantes utiles des pays chauds sont : le caféier, le riz, l'arbre à thé, le cacaoyer, le cotonnier.

REVISION

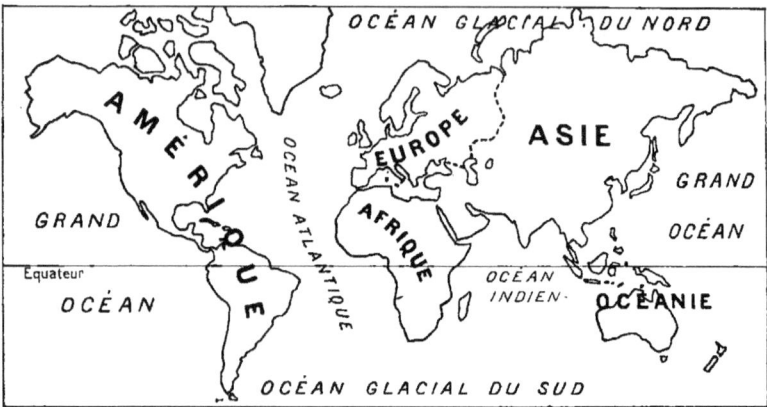

La géographie est la description de la terre.

1. Exercices d'observation. — 1. Que représentent les parties bleues de cette carte? — 2. Que représentent les parties coloriées autrement? — 3. Donnez les noms des cinq grands océans et des cinq parties du monde. — 4. Tous les habitants de la terre se ressemblent-ils? Dites en quoi ils sont différents. — 5. Montrez sur la carte la région où il fait le plus chaud et la région où il fait le plus froid.

2. Devoir. — Compléter les phrases suivantes :

Europe. — 1. Les principales contrées de l'Europe sont : la ..., l' ..., l' ..., la ..., l' ..., l' ..., l' .... — 2. La capitale de la France est ...; la capitale de l'Angleterre est ...; la capitale de l'Allemagne est ...; la capitale de la Russie est ....; la capitale de l'Italie est ....

Parties du monde. — 3. Les cinq parties du monde sont : l' ..., l' ....,l' ..., l' ... et l' .... — 4. Un continent est une .... — 5. Océanie veut dire ...

Océans. — 6. Les cinq océans sont : le .... l' ..., l' ..., l' ... et l' ....— 7. Le Grand Océan est entre .... — 8. L'Océan Atlantique est entre.... — 9. Les Océans glacials sont situés.... — 10. L'Océan Indien est....

Peuples lointains. — 11. Les Asiatiques habitent ...; les Africains habitent ...; les Américains habitent.... — 12. Les Chinois et les Japonais sont des ....

Races d'hommes. — 13. Les Européens sont de la race ...; les Nègres de l'Afrique sont de la race ...; les Japonais et les Chinois sont de la race ....

Climats. — 14. Il y a trois sortes de climats : le climat ..., le climat ... et le climat ....— 15. L'Europe a un climat ...

Animaux des pays lointains. — 16. On trouve dans les pays lointains des animaux comme le ..., le ...,le ..., l' .... etc.

Plantes des pays chauds. — 17. Il pousse dans les pays chauds des plantes utiles, comme le ..., le ..., le ..., etc.

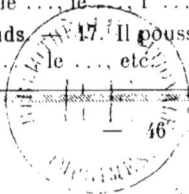

TABLE DES MATIÈRES

Paris. — Imprimerie LAHURE, 9, rue de Fleurus.

www.ingramcontent.com/pod-product-compliance
Lightning Source LLC
LaVergne TN
LVHW022039080426
835513LV00009B/1145